LES BERGERS
DE QUALITÉ,
PARODIE DE DAPHNIS
ET CHLOÉ.

ACTEURS.

MONDOR,	Mr Thomassin.
RUBIS,	Mr Desbrosses.
LUCAS,	Mr Chanville.
ZIRZIS,	Mr Rochard.
COLLETTE,	Me Favart.
GROS-JEAN,	Mr Sticoti.
EGIPTIENNE,	Mr Carlin.

Troupe D'EGYPTIENS *&* D'EGYPTIENNES *disant la bonne avanture*, PAYSANS *&* PAYSANES, BERGERS *&* BERGERES.

LES BERGERS *DE QUALITÉ*, PARODIE DE DAPHNIS *ET CHLOÉ.*

Le Théâtre représente un paysage : on voit d'un côté la Maison de Campagne de Rubis, & de l'autre un Hameau.

ACTE PREMIER.

SCENE PREMIERE.

RUBIS, MONDOR.

MONDOR.

Air : *Que ce beau jour promêt d'heureux instans.*

QUE ce sejour paroît dilicieux !
Quel souffle pur par-tout l'on y respire,

Tout eſt riant, tout enchante les yeux,
Flore y renaît dans les bras de Zéphire.

(*A Rubis, qui paroît.*)

Air : *Amis ſans regretter Paris.*

Sçavez-vous que votre maiſon
Eſt tout-à-fait charmante !
Qu'il n'en eſt point dans ce canton
Qui ſoit plus élégante.

Air : *Du Confiteor, &c.*

Loin des embaras, des ſoucis,
Dans cette maiſon agréable,
Au milieu des jeux & des ris,
Nombre de valets, bonne table,
Tout s'empreſſe à combler vos vœux,
Rubis, vous êtes trop heureux.

RUBIS.

Air : *Temple que bâtis en l'air, &c.*

Mondor j'ai de ſecrets ennuis,
Un chagrin caché me dévore.

MONDOR.

De votre libertin de fils,
Pleurez-vous le trépas encore ?
Un beau jour on m'enleva le mien ;
Parbleu je m'en conſole bien.

RUBIS.

Air : *La Samaritaine, &c.*

J'avois encore une fille
Fort gentille,
Elle avoit tout mon minois :
Etouffant de la nature,
Le murmure,
Je l'exposai dans un bois.

MONDOR.

Air : *Entre l'amour & la raison, &c.*

Pourquoi perdiez-vous cet enfant ?

RUBIS.

Pour rendre son frere opulent.

MONDOR.

C'est avoir trop de barbarie.

RUBIS.

Helas ! Si j'en agis ainsi,
C'est qu'on ne suit pas ici
La coûtume de Normandie.

Air : *Passant sur le Pont-neuf, &c.*

Mais j'en perdrai l'esprit ;
Car, tant que la nuit dure,
Sur le pied de mon lit,
Je crois voir sa figure.
Mondor, j'en suis encore troublé,
Sçavez-vous qu'elle m'a parlé ?

MONDOR.

Air : *Jean ce ſont vos rats, &c.*

Quel cerveau débile !

RUBIS.

Elle a dit ces mots :
» En ce lieu tranquille,
» Je vis en repos ;
» Quittez - vous la Ville
» Pour cauſer mes maux ?
Je n'ai pû fermer la paupiere.
Vous riez de mon embaras.

MONDOR.

Bon ce ſont vos rats
Qui font que vous ne dormez guere,
Oui ce ſont vos rats,
Qui font que vous ne dormez pas.

Air : *Fille qui voyage en France.*

Tous les rêves ſont menſonges,
Pourquoi s'en entretenir ?
Comment ! Vous croyez aux Songes ?
Peignons nous en le plaiſir,
Lorſqu'ils nous charment ;
Chaſſons-en le ſouvenir,
S'ils nous allarment.

(*On entend ſonner le Tocſin.*)

RUBIS.

Air : *Chantons, chantons, & célébrons, célébrons, &c.*

Quel bruit ſoudain.
J'entends ſonner le Tocſin,
Dans le Hameau voiſin.

MONDOR ET RUBIS.

Quel bruit ſoudain !
J'entend ſonner le Tocſin.
Sçachons d'où vient ce train.

(*Ils ſortent.*)

SCENE II.

GROS-JEAN *à la tête d'une Troupe de Payſans armés de fourches, fléaux, &c. traverſent le Theâtre en courant.*

GROS-JEAN.

Air : *Je ſuis un bon Soldat, &c.*

POurſuivons ces Brigands
Inſolens,
Faiſons voir du courage !
Ils ont tournés par-là,
Les voilà
Qui gagnent le rivage.

Air : *A la façon de Barbarie , &c.*

Parmi ce fracas & ces cris
Et ce remu-ménage,
Je ne vois pas mon fils Zirzis;
Il est prudent & sage :
Comme il est délicat & blond,
La faridondaine la faridondon,
J'allons nous exposer pour lui beribi,
A la façon de Barbari mon ami.

SCENE III.

ZIRZIS.

Air : *Petits Moutons gardez la pleine , &c.*

PEtits Moutons, troupeau que j'aime ;
Fuyez les bois, craignez les loups :
Je n'ai plus souci de moi-même,
Comment prendrois-je soin de vous ?

SCENE IV.

ZIRZIS, LUCAS *à la tête d'une autre Troupe de* PAYSANS.

LUCAS.

Air : *Ont enlevé ma mie Margot, &c.*

ZIrzis, tire moi d'embarras,
As-tu vû ma fillette ?

ZIRZIS.

Des Gens armés, des ſcélérats,
Ont enlevé Colette.

LUCAS.

Ont enlevé Colette !

ZIRZIS.

Ont enlevé Colette,
Hélas !

LE CHŒUR.

Ont enlevé Colette !

ZIRZIS.

Air : *Ah, ah, ha, venez-y toutes, &c.*

Leur troupe étoit errante
Auprès du grand chemin,
Ils étoient plus de trente
Tous le Sabre à la main ;
Nos Bergeres gentilles
Ont voulu fuir envain.

LUCAS.

Quoi, morgué, ces malins drilles.....

ZIRZIS.

Ont pris ces pauvres jeunes filles
Sortant du Moulin.

Air : *Y avance, y avance, y avance, &c.*

Nous nous aimions Collette & moi ;
Lucas par une injuste loi ;
Vous la refusiez à ma foi,
De vos rigueurs le Ciel s'offense.

LUCAS.

Y avance, y avance, y avance.

ZIRZIS.

L'Amour prend soin de ma vengeance.

LUCAS.

Même Air.

Palsanqué, ne diroit-on pas
Que le Ciel de toi fait grand cas :
Te vla com'moi dans l'embarras,
En auras-tu meilleure chance ?
Y avance, y avance, y avance ;
Voyez donc son impartinence.

Air : *Des billets doux, &c.*

Tu n'l'aurois pas quand'a'rviendroit.

ZIRZIS.

Mais pourquoi donc ?

LUCAS.

C'eſt un ſecret
Qu'il eſt bon que je taiſe ;
Mais aulieu d'ſuivre ces Brigands
Mal à propos j'pardons not'tems,
Gémis tout à ton aiſe.

Il ſort avec ſa ſuite.

SCENE V.

ZIRZIS.

Air : *Nous jouiſſons dans nos Hamaux, &c.*

BEaux lieux où j'ai longtems goûté
Des biens que je regrette,
Où je venois en liberté
Cauſer avec Colette ;
Vous vîtes mes premiers deſirs
S'acroître avec ſes charmes,
Témoins de mes plus doux plaiſirs ;
Soyez - le de mes larmes.

ZIRZIS.

Air : *Sure de ta foi, &c.*

Colette en ces lieux
Partageoit mon transport,
C'est dans ses beaux yeux
Que je lisois mon sort;
Les plus vives flâmes
Embrasoient nos cœurs,
Enyvroient nos ames
De mille douceurs.

(*Chant d'Oiseaux.*)

Mineur.

Vous Oiseaux;
En vain au bruit des eaux
Vous mélez vos ramages;
Vos accens
Si tendres, si touchants,
Ne charment plus mes sens.
Ces rivages,
Ces boccages,
Ces prés qui m'étoient si chers,
Sans la beauté que je perds,
Ne sont plus que d'affreux déserts.

Air : *La palisse, &c.*

De mon destin malheureux
Prens pitié, Dieu de Cythere.

(*Prélude de Tambourin.*)

Quels sont ces ris & ces jeux!
Ils excitent ma colere.

SCENE VI.

ZIRZIS, ARLEQUIN EGYPTIENNE, *à la tête d'une troupe de diseuses de bonne avanture jouant du Tambour de basque.*

ARLEQUIN *à sa suite.*

Air : *Du Tambourin des Folies de Coraline, &c.*

VOUS qui sur mes pas,
Par des entrechats
Rendez hommage à mes rats.
Accourez enfans,
Secondez mes chants,
Par nos charmes, nos talents,
Nos arts séduisans,
Nos secrets puissants,
Qu'ici des malheureux amans,
Longtems,
Constans,
Se changent les tourmens
En plaisirs charmans.

ON DANSE.

ARLEQUIN à ZIRZIS.

Mineur de l'Air précédent.

Mon fils, je pourois d'abord
Vous apprendre votre sort;
Mais je fais toujours danser
Avant de rien annoncer :
Toujours gaillards & dispos,
Nous faisons à tout propos,
Un saut, deux sauts,
Mon art n'instruit
Que quand j'ai fait un grand bruit.

ON DANSE.

ARLEQUIN à ZIRZIS.

Air : *La bonne avanture, &c.*

Jeune garçon dont le cœur
A reçû blessure,
Je vais pour votre bonheur
Vous anoncer à grand Chœur
La bonne avanture ô gué
La bonne avanture.

CHŒUR.

La bonne avanture ô gué
La bonne avanture.

ARLEQUIN

ARLEQUIN à ZIRZIS.

Même Air.

Ça donnez moi votre main,
Je vous en conjure,
Prenez un air plus ſerain
Tout ceci ne ſera rien.

CHŒUR.

La bonne avanture ô gué
La bonne avanture.

ARLEQUIN.

Air : *Eh vogue la Galère, &c.*

Pour trouver ta Bergere,
Mets toi dans un bateau ;
Le long de la riviere,
Sans voile, ni cordeau :
Eh vogue la Galere,
Lanlere, lanlere, lanlere,
Eh vogue la Galere,
Suis le courant de l'eau.

Air : *O reguingué ô lon lan la, &c.*

L'Amour propice à tes déſirs ;
Pour te payer de tes ſoupirs,
Sous la conduite des Zéphirs,
Menera ta barque legere,
Tout vis-à-vis de ta Bergere.

Air : *Tout le long de la riviere, &c.*

Aucun vent contraire,
Ne te retiendra,
Avec sa Bergere
Chacun reviendra,
Et le long de la riviere,
Lere lon lan la,
Et le long de la riviere,
Il fera bon là.

ZIRZIS.

Même Air.

Le destin l'ordonne,
Accourez Bergers;
Qu'il vente, ou qu'il tonne,
Quittez vos vergers:
Tout le long de la riviere,
Lere lon lan la,
Tout le long de la riviere,
L'Amour nous suivra.

FIN DU PREMIER ACTE.

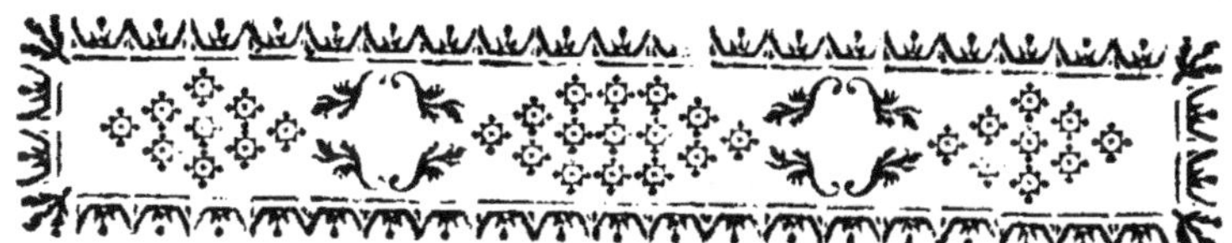

ACTE SECOND.

Le Theatre repréſente un rivage agreable, un banc de gazon couvert d'ombrage eſt ſur le devant du Théâtre.

SCENE PREMIERE.

COLETTE *ſeule.*

Air : *Quand vous entendrez le doux Zéphir, &c.*

ESpoir flatteur,
Renais dans mon cœur,
Viens raſſurer une amante plaintive,
Eſpoir flatteur,
Charme ma douleur
Sur cette triſte rive.

Fais moi ſonger
Que mon Berger
Viens en ce ſéjour
Guidé par l'Amour ;

Son ardeur l'empresse,
Ah ! Sans sa tendresse,
Je renonce au jour.

J'évite le fers,
J'échape des mers,
Sans voir finir mes cruelles allarmes;
Loin de Zirzis,
Je gémis,
Je languis,
Rien ne tarit mes larmes.

Air : *L'Orage sur ma tête, &c.*

Que fais-tu sans Colette,
Berger trop malheureux?
Envain l'écho repéte
Tes accens douloureux;
Tu mourras de tristesse,
Mon cœur étoit ton bien,
Ce cœur me dit sans cesse,
Que je vis dans le tien.

Air : *Resonnez ma Musette, &c.*

Mais ma foible paupierre,
Se ferme à la lumiére,
Le sommeil à propos
Vient m'offrir le repos.

Elle s'endort.

SCENE II.

COLETTE, ZIRZIS.

ZIRZIS *dans un batteau.*

Air : *Sans cesse le Zéphir, &c.*

O, Vous qui me portez sur ces paisibles bords ;
Rendez, charmants Zéphirs, ma course plus legere,
Redoublez, s'il se peut, vos généreux efforts,
Volez & guidez moi vers cette heureuse terre,
Dans ce charmant réduit,
Où le sort à conduit
Les pas de ma Bergere.

Air : *Par un matin Lisette, &c.*

Est-ce en ces lieux que Colette sera ?
(*Appercevant Colette.*)
Ma Barque arrête .... ô Ciel ! Que vois-je là.

Il débarque & s'approche de Colette avec empressement.

Air : *Nanette dormez-vous, &c.*

Colette, dormez-vous ?
Colette, dormez-vous ?
Respectons son sommeil, il me paroît trop doux ;
D'un repos si charmant, mon cœur n'est point jaloux.

COLETTE *rêvant.*

Air : *Plus belle que l'Aurore, &c.*

Zirzis.

ZIRZIS.

Elle m'appelle !

COLETTE.

Quand ſerons nous unis?

ZIRZIS.

Quoi, mon amour fidelle,
Occupe ſes eſprits !

COLETTE.

Oh ! Mon cher Zirzis !

ZIRZIS.

Elle dort encor, qu'elle eſt belle !
Colette . . . . . .

COLETTE.

Zirzis . . . . . .

ZIRZIS.

Ah ! Mon bonheur n'a plus de prix !

Air : *De la Vallée de Montmorency.*

Approchons,
Ecoutons,

Doucement elle soupire ;
Je pourrois....
Je voudrois....
De fleurs orner ses attraits :
Paix....
Taisez-vous
Tous,
Rossignols ; & toi Zéphire,
Agite moins fort ces eaux,
Et ces rozeaux.....
Enchanté.....
Transporté.....
J'éprouve un charmant délire,
Et mon cœur....
Plein d'ardeur.....
Elle s'éveille déja.

COLETTE *s'éveillant sans voir* ZIRZIS.

Ah !

N° 1. *Air Italien.*

Dieux ! Quel enchantement !
Je croyois en dormant
Entendre mon amant,
Répondre aux sons touchants
De mes accens.

Mon bonheur s'évanouït,
Comme un ombre il se détruit.
Ce songe si charmant

N'a duré qu'un moment ;
Mais quel moment !

ZIRZIS *à part.*

Air : *Quel bonheur, &c.*

Quel bonheur !

COLETTE *sans voir* ZIRZIS.

Douce erreur
Reviens encore une fois.

ZIRZIS *à part.*

Le plaisir suspend ma voix !
Colette ? . . . .

COLETTE *appercevant* ZIRZIS.

O Ciel ! Zirzis ! C'est toi que je vois,
Ah ! Je me meurs. . . .

ZIRZIS.

Oui Bergere, c'est moi.,

COLETTE.

Ah ! Cher Amant est-ce toi ?
Ah ! Cher Amant est-ce toi !

COLETTE & ZIRZIS.

N° 2. Air : *Menuet Italien.*

Qu'il est doux de revoir ce que l'on aime,

Quel bonheur ſuprême !
C'eſt l'amour lui-même,
Qui ſéche nos pleurs,
Au ſein des malheurs,
Pour les tendres cœurs,
Il eſt des douceurs.

Nous n'avons plus de peines,
Serrons, ſerrons nos chaînes,
Serrons les pour jamais,
Et goûtons déſormais
Des plaiſirs parfaits.

ZIRZIS.

Air : *Menuet de M. Exaudet.*

Mais quel Dieu,
Dans ce lieu
Solitaire,
Te rend à mes tendres vœux.
En ce moment heureux
Je revois ma Bergere,
Eh ! Comment,
Ce brigand,
Ce Corſaire
T'a t'il fait débarquer là ?
Conte moi tout cela
Ma chere.

COLETTE.

A peine avec ſes Captives
Il avoit quitté nos rives,

Que les vents
Inconſtants
Avec rage,
Font ravage,
Tous les Matelots tremblants,
Perdent dans ces inſtants
Courage:
L'ouragant
Augmentant,
On ſe trouble,
On eſt prêt de ſubmerger,
Et pour fuir le danger,
Que chaque inſtant redouble:
En canot,
Auſſitôt,
On nous jette,
Un vent heureux me conduit
Et porte en ce reduit
Colette.

ZIRZIS.

Air: *Eh, lon lan la toure loure, &c.*

Rendons grace à l'Amour,
Que mon ame eſt ravie!
Hélas! Voici le jour
Le plus beau de ma vie.

ENSEMBLE.

Eh, lon lan la toure loure loure loure,
Et lon lan la toure loure.

DUO.

ZIRZIS & COLETTE.

Nos vœux sont satisfaits.

COLETTE	ZIRZIS.
Tu m'aimes ?	Je t'adore.

ENSEMBLE.

Nos plaisirs sont parfaits,
Que désirer encore :

avec le CHŒUR.

Et lon lan la toure loure loure loure,
Et lon lan la toure loure.

On entend une Symphonie.

ZIRZIS & COLETTE.

Air : *Quitte ta Musette, &c.*

Qu'elle Symphonie ?
Quels sont ces accords ?
Des Bergers la Troupe chérie,
Paroît sur ces bords.

SCENE III.

ZIRZIS, COLETTE, MATELOTS, BERGERS, & BERGERES.

On danse.

UN MATELOT *chante.*

QU'ici nos Bergeres
Prennent leurs paſſetems,
Par ma foi ces Corſaires
Etoient d'honnêtes gens;
Nos belles interdites,
Redoutoient leurs fureurs,
Les pauv' petites;
Mais les en v'la quittes
Pour la peur.

❋ ❋

Il eſt des Corſaires
Blanchis ſous le harnois,
Qui font les teméraires
Et vantent leurs exploits;
Ne prenez pas la fuitte,
Car malgré la fureur
Qui les agitte,
On en eſt toujours quitte
Pour la peur.

❋ ❋

Il est une espéce
De Corsaires fort doux,
Ils vous feront carresse ;
Mais ce sont des vrais loups :
Evitez leurs poursuites,
Fuyez avec ardeur,
Mes pauv' petites,
Vous n'en seriez pas quites
Pour la peur.

ON DANSE.

RONDE.

Il n'est point de fleurettes,
Sans le printems,
Ni de Printems, Brunettes,
Sans les Amans.
Une ame sans tendresse
S'ennuye à chaque instant ;
Quand le cœur s'intéresse,
On va toûjours chantant.

Il n'est point de fleurettes, &c.

L'Amour aux dons de Flore
Ajoûte un coloris,
Des charmes de l'Aurore
Il fait sentir le prix,

Il n'est point de fleurettes, &c.

Roſſignol, ta voix tendre
Eſt la voix des plaiſirs,
Quand ſes ſons font entendre
L'écho de nos ſoupirs.
Il n'eſt point de fleurettes, &c.

Qu'une jeune Bergere
Se plaît en ce ſéjour!
Quand la tendre fougere
Sert de trône à l'Amour.
Il n'eſt point de fleurettes, &c.

On danſe.

FIN DU SECOND ACTE.

ACTE TROISIÉME.

Le Theâtre Représente les Jardins de Rubis, on voit une Statue de l'Amour au fond d'un Cabinet de verdure.

SCENE PREMIERE.

ZIRZIS.

Air : *Dans un lieu ſolitaire & ſombre, &c.*

JE te perds, ma chere Bergere,
Tu vas ſuivre un cruel devoir,
Je viens de te rendre à ton pere,
Et l'ingrat trahit notre eſpoir.

Air : *Une Bergere Jolie.*

Amour j'ornois ton image,
Chaque jour de mille fleurs;

Nous venions dans ce bocage
T'offrir l'encens de nos cœurs :
Nos transports son ton ouvrage,
Tu voulois nous rendre heureux ;
C'est ta gloire qu'on outrage
En brisant de si beaux nœuds.

SCENE II.

ZIRZIS, RUBIS.

ZIRZIS.

Air : *Quoi M. ne doit-on pas aimer tout le monde.*

MOnsieur j'ose vous prier....

RUBIS.

Quel soin t'inquiette ?

ZIRZIS.

Pour, moi de votre Fermier,
Obtenez Colette. (*bis*)

Air : *Le langage des soûpirs, &c.*

Ma Bergere, mes Amours
Est ravie à ma tendresse ;
Il faut donc finir mes jours ?
Que la pitié vous en presse,

Faites

Faites rendre à ma tendresse
Ma Bergere, mes amours.

RUBIS.

Air : *Que chacun de nous s'empresse, &c.*

Tu vaut bien cette Bergere,
J'agirai selon tes vœux;
Mais du plus tendre mystere,
C'est un récit que je veux;
Cette peinture intéresse,
Quoi qu'on soit sur le retour :
Pour ta petite maîtresse
Comment naquit ton amour ?

ZIRZIS.

Air : *L'austere Philosophie, &c.*

Avec nous il prit naissance,
On l'a vû croître avec nous,
Et les jeux de notre enfance,
Sans lui n'avoient rien de doux :
Quand nous ignorions encore
Des mots le tour & le choix,
Nos yeux disoient, je t'adore,
Au défaut de notre voix.

Même Air.

Sans sçavoir quelle puissance
Pouvoit agitter nos sens,

C

Un jour, un ſeul jour d'abſence
Rendoit nos cœurs languiſſans;
Colette ſans défiance,
M'embraſſoit à mon retour;
Les baiſers de l'innocence
Cachoient les traits de l'amour.

Air : *Sortez de vos Retraittes, &c.*

Ma Bergere chérie,
S'égara dans le Bois;
Le ſoir dans la Prairie,
Elle vint à ma voix :
Nos cœurs pleins de tendreſſe
Mêloient en ce moment,
Les ris de l'allégreſſe
Aux pleurs du ſentiment.

RUBIS.

Air : *Vous comptez avec peine, &c.*

Hélas! un cœur de roche
Se ſentiroit troubler.
Zirzis, Lucas approche,
Pour toi je vais parler.

SCENE III.

RUBIS, ZIRZIS, LUCAS.

RUBIS.

Air : *Jean danse mieux que Pierre, &c.*

Accorde lui ta fillette,
Pour son sort je m'attendris.
Zirzis est fait pour Colette,
Et Colette pour Zirzis ;
Tous deux sont bien épris,
Tous deux qu'ils soient unis ;
Zirzis est fait pour Colette,
Et Colette pour Zirzis.

ZIRZIS.

Air : *C'est une chose qui ne se peut pas, &c.*

A nos désirs, cédez mon cher Lucas,

LUCAS.

C'est une chose qui ne se peut pas.

Air : *J'ons un secret à vous dire, &c.*

J'craindrions d'fâire une sottise
Si j'li faisions épouser,
Car puisqu'il faut que j'vous l'dise,

Je n'sçaurions en disposer:
C'est qu'j'avons trouvé cet Enfant
Dans un bois solitaire;
J'lavons élevé jusqu'à présent
Com si j'étions son Pere.

RUBIS.

Air : *Voici le jour solemnel, &c.*

Colette n'est pas à toi?

LUCAS.

Non ma foi,

Queuque Seigneur l'avont fait naître,
J'portons toujours avec nous
Des bijoux,
Qui la front un jour connoître.

Air : *Vous allez voir Messieurs, Mesdames, &c.*

Ah! Remarquez bien je vous prie
Ce biau béguin d'satin blanc,
Et ce biau hochet d'Orphévrie,
Garni d'ses grelots d'Argent,

RUBIS.

Ah! Juste Ciel que vois-la

LUCAS.

Eh pallanguéne comme vous v'la....

RUBIS.

Air : *Avec vous je veux m'unir, &c.*

Embraſſe moi cher Lucas,
Ah ! Je ne m'en doutois pas,
Colette eſt ma fille.

LUCAS.

Comment ! jarnonbille !

ZIRZIS.

Air : *Jardinier ne vois tu pas, &c.*

J'éprouve un autre embarras,

LUCAS.

Qu'al'ſera ſatisfaite !

RUBIS.

Cherche-la,

LUCAS.

J'la vois là bas.
Hé ? Tournez ici vos pas,
Colette, Colette, Colette.

SCENE IV.

RUBIS, ZIRZIS, LUCAS; COLETTE.

RUBIS *à* COLETTE.

Air : *Ah ! Je vous vois Valere, &c.*

MOn plaisir est extrême,
Embrasse ton Papa,

COLETTE.

Mon Pere ! Vous ?

RUBIS.

Moi même,

COLETTE.

Que veux dire cela ?

LUCAS.

Oui, tes son hériquiere,
Tu m'en vois tout surpris.

COLETTE *à* RUBIS.

Ah ! Montrez vous mon Pere
En m'accordant Zirzis.

ZIRZIS à RUBIS.

Air : *Ah ! Mon mal ne vient que d'aimer, &c.*

Vous paroiſſiez me proteger,
Que je crains de vous voir changer !

RUBIS.

Eloigne toi d'ici Berger ;
Voyez la belle emplette !
A ma fille oſe tu ſonger ?

A ſa fille.

Renoncez - y Colette.

COLETTE à RUBIS.

Air : *Ne vla t'il pas que j'aime, &c.*

Mon Pere.....

ZIRZIS *s'en allant.*

Quelles dures loix !

LUCAS à COLETTE.

Faut changer de ſiſtême,

COLETTE à RUBIS.

A peine je connois vos droits,
Vous m'otez ce que j'aime.

LUCAS.

Air : *Y allons donc Mademoiselle, &c.*

Y allons donc Mademoiselle,
Ayez l'goût pû délicat.

RUBIS.

On doit, étant riche & belle,
Penser selon son état.

LUCAS.

Y allons donc Mademoiselle,
Ayez l'goût pû délicat.

COLETTE.

Air : *Ne vla-t'il pas que j'aime, &c.*

Pour moi ce seroit un malheur
De n'être plus Bergere :
Si le rang doit changer le cœur,
L'obscurité m'est chere.

Air : *Des Fleurettes, &c.*

Dans ce champêtre azile,
Tout rit à nos désirs ;
L'innocence tranquile
N'y voit que des plaisirs :
J'étois riche en ces retraites,
Tous nos vœux étoient remplis ;

Vos trésors ont moins de prix
Que nos Fleurettes.

RUBIS.

Air : *Quand je regarde Margotton, &c.*

Que vas-tu nous chanter encor !

LUCAS.

Sotise toute pure.

RUBIS *à* LUCAS.

Allons vîte apprendre à Mondor,
Mon heureuse avanture.
à Colette. Ce Berger qui te plaît tant
A mon nom fait injure,
De ton cœur ma chere enfant,
Etouffe le murmure.

SCENE V.

COLETTE *seule.*

Air : *Que je regrette mon amant, &c.*

QUe je regrette mon amant !
Me plaire étoit sa seule étude ;
De nous voir à chaque moment
Je m'étois fait une habitude :
Zirzis m'aimoit si tendrement
Qu'il me plaisoit infiniment ;
Zirzis m'aimoit,
Le disoit,
Le chantoit,
L'exprimoit
Si tendrement,
Qu'il me plaisoit infiniment.

Air : *Il ne vient point, quel soin l'arrête.*

Que cette houlette est jolie !
Le nom de Zirzis est autour :
Je regretterai plus d'un jour,
Mon chien & ma brebis chérie,
Zirzis les flattoit tour à tour.
Adieu ma pauvre Bergerie,
Eh, quels biens, quels trésors plus chers,
R'emplaceront ce que je perds.

SCENE VI.

ZIRZIS, COLETTE.

ZIRZIS.

Air : *J'étois seule en un Boccage, &c.*

C'En est fait, ma chere amie,
Reçois mes derniers adieux.

COLETTE.

Ah ! Berger, ma triste vie
Languira loin de tes yeux.

ZIRZIS.

Je vois ton injuste Pere,
Contraire,
A nos ardeurs.

COLETTE.

Mon cœur est toûjours le même ;
Je t'aime,
Séche tes pleurs.

ZIRZIS.

N° 3. Air : *d'Hendel.*

Ma douleur
Prend trop d'empire,

Mon malheur
Veut que j'expire.

COLLETTE.

Infortuné Berger,
Puis-je ſoulager
Ton cruel martyre.

ZIRZIS.

Hélas!

COLETTE.

Triſte devoir!

ZIRZIS.

Je ſens que mon ame s'envole.

COLETTE.

Que l'eſpoir
De me voir
Te conſole.

ZIRZIS.

Non, non, c'eſt trop ſouffrir,

COLTETE.

Oh! Ciel que prétens-tu faire?

ZIRZIS.

Je veux, je veux mourir.

COLETTE.

Fais donc mourir ta Bergere.
De l'Amour,
Tu vois l'image,
Tour à tour
Dans ce bocage;
D'être toûjours amants,
Viens renouveller nos ſermens:

ZIRZIS.

Que dis-tu Bergere?

COLETTE.

Ton ardeur m'eſt chere,

ZIRZIS.

Tu veux que j'eſpére?

COLETTE.

Oui, je ſuis ſincere.

Suite de l'Air.

DUO.

COLETTE, ZIRZIS.

Viens Zirzis, Ah! Zirzis

ENSEMBLE.

L'Amour t'appelle.
Que le prix
D'un cœur fidele,
Après tant de ſoupirs,
Enfin couronne { tes / mes } déſirs ;
Viens, jurons - nous,
Oui, jurons - nous
Une flamme éternelle
En dépit des deſtins jaloux.

Ils vont au pied de la Statue de l'Amour & ſe donnent la main.

DUO.

Air : *Il y a longtems que mon Cotillon traîne.*

COLETTE, ZIRZIS.

COLETTE	ZIRZIS
Reçois, Zirzis la foi de ta Bergere,	Reçois ma foi, mon aimable Bergere,

ENSEMBLE.

Dieu des Amans
Garantis nos ſermens,

Si je trahis jamais ſon cœur ſincere,
Livre le mien aux plus affreux tourmens :

COLETTE.

Reçois, Zirzis la foi
de ta Bergere,

ZIRZIS.

Reçois ma foi, mon
aimable Bergere.

ENSEMBLE.

Dieu des Amans
Garantis nos ſermens,
Si je trahis jamais ſon cœur ſincere,
Livre le mien aux plus affreux tourmens.

SCENE VII.

ZIRZIS, COLETTE, RUBIS, LUCAS.

LUCAS à RUBIS.

Air : *Morgué l'y vla, &c.*

QUel bonheur pour votre famille,
Monſieur, je vous fais compliment :

RUBIS.

Cours vîte me chercher ma fille,

LUCAS.

J'gage qu'al'est avec son amant.

Je vois à travars la charmille,
Deux tétes dans ce bosquet là,
Morgué les vla. (*bis*)

SCENE DERNIERE.

LES PRECEDENTS, GROS-JEAN.

RUBIS.

Air : *Baise moi donc, me disoit Blaise, &c.*

COmment donc, malgré ma défense ?

GROS-JEAN *entrant.*

Gros-Jean, Gros-Jean, vous demande audience,
Ne rebutez point tant Zirzis...

LUCAS.

Pourquoi ?

RUBIS.

Que veux-tu faire entendre ?

GROS-JEAN.

C'est que mon fils, n'est pas mon fils,

Gn'ia

Gn'ia pas là d'quoi tant vous ſurprendre.

Air : *Vous voulez me faire chanter, &c.*

C'eſt un Enfant qu'javons trouvé
Et Mondor eſt ſon Pere,

ZIRZIS.

O Ciel !

GROS-JEAN.

Le fait eſt bien prouvé

RUBIS.

La choſe eſt ſinguliere !

GROS-JEAN.

Mondor vous attend tous, chez lui.
Venez en diligence,
J'vous avons épargné l'ennui
D'une reconnoiſſance.

RUBIS.

Air : *Allons gai, &c.*

Zirzis, je te pardonne,

COLETTE.

Quel incident heureux!

RUBIS à COLETTE.

Viens-ça, je te le donne,

ZIRZIS.

L'Amour comble mes vœux

TOUS.

Allons gai, d'un air gai, toûjours gai,
Ta la la la, &c.

FIN.

BIBLIOTHEQUE ROYALE

APPROBATION.

J'Ai lû par ordre de Monsieur le Chancelier, *Les Bergers de Qualité*, *Parodie de Daphnis & Chloé*, & je crois qu'on en peut permettre l'impression. Ce vingt-un Juin 1752.

CREBILLON.

BIBLIOTHEQUE ROYALE

Airs Notés,
Des Bergers de Qualité,
Parodie de Daphnis et Chloé.

3.
Ma douleur prend trop d'empire.

Vien Zirsis
Ah! Zir-
l'amour tappelle, Que le prix
sis l'amour tappelle
Que le
d'un cœur fidelle, Aprés tant de sou
prix d'un cœur fidelle, Aprés tant de sou

pirs Enfin couronne tes desirs
pirs Enfin couronne tes desirs
Vien jurons nous oui jurons nous
Vien jurons nous oui jurons nous
Une flame eternelle, En de
Une flame eternelle, En de
pit des destins jaloux,
pit des destins jaloux,

VAUDEVILLES, des Bergers de Qualité, Parodie de Daphnis et Chloé.

Ir. Vaudeville.

Qu'ici nos Bergeres Prennent leurs
passe tems: Par ma foy ces Cor
saires etoient d'honnetes gens; Nos
Belles interdittes Redoutoient leur fu
reur, Les pauv' petittes, Les en
v'la donc quittes Pour la peur.

2.

Il est des Corsaires
Blanchis sous le harnois
Qui font les temeraires
Et vantent leurs exploits:
N'en prenés pas la fuitte;
Car malgré leur fureur,
Un' pouv' petitte
Avec eux en est quitte
Pour la peur.

3.

Il est une espece
De Corsaires fort doux,
Ils vous feront caresse;
Mais ce sont de vrais loups
Evittés leurs poursuittes
Fuyés avec ardeur
Mes pauv' petittes,
Vous n'en seriés pas quittes
Pour la peur.

Fin.

2e. Vaudeville.

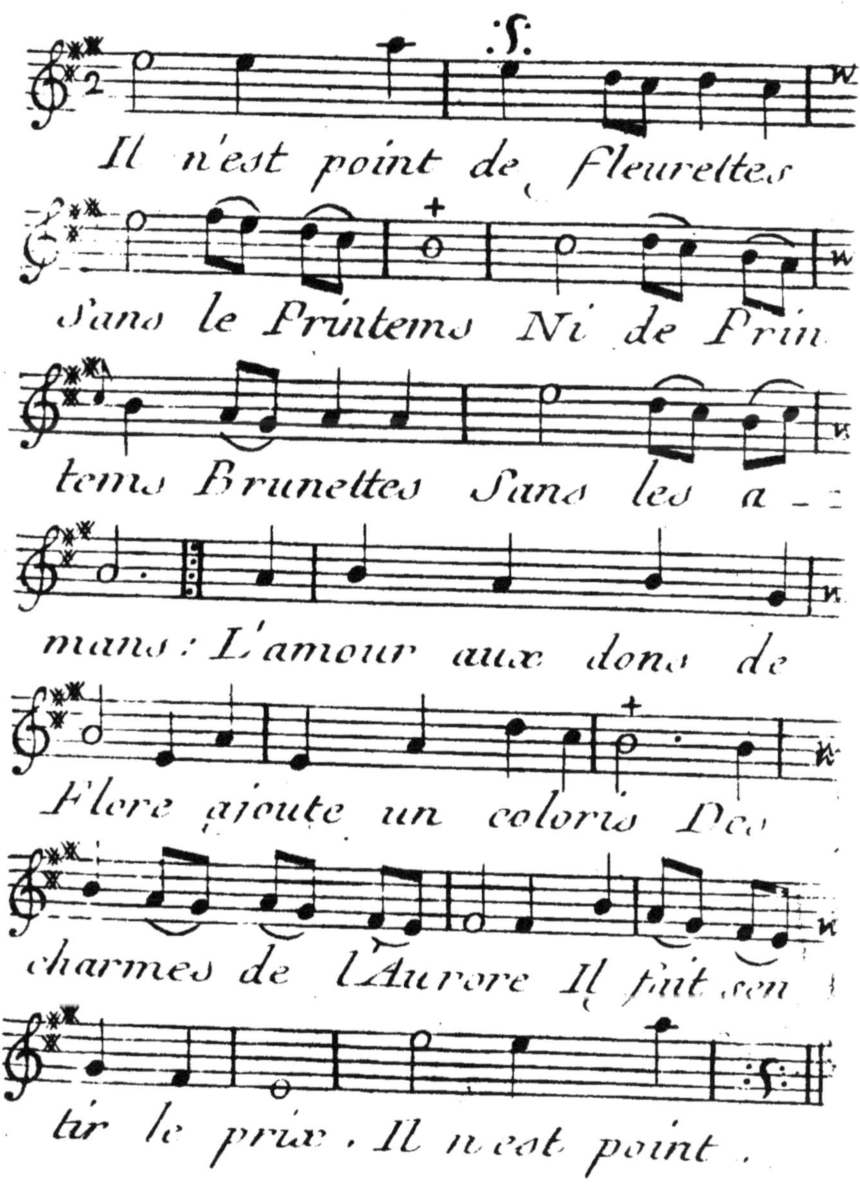

2.

Une ame sans tendresse
S'ennuye à chaque instant;
Quand le cœur s'interresse
On va toujours chantant.
Il n'est point &c.

3.

Nous goutons sur l'herbette
Le repos le plus doux;
Pour nous le Berger guette,
Et nous deffend des loups.
Il n'est point &c.

4.

Rossignol, ta voix tendre
Est la voix des plaisirs,
Quand ses sons font entendre
L'écho de nos soupirs.
Il n'est point &c.

5.

Qu'une jeune Bergere
Se plait en ce séjour,
Quand la tendre fougere
Sert de trône à l'amour.
Il n'est point &c.

164 Fin.

www.ingramcontent.com/pod-product-compliance
Ingram Content Group UK Ltd.
Pitfield, Milton Keynes, MK11 3LW, UK
UKHW021654260726
13994UKWH00003B/1458

9 782329 430805